LES CARACTERES DE LA FOLIE,

BALLET

REPRÉSENTÉ POUR LA PREMIERE FOIS,

PAR L'ACADEMIE ROYALE DE MUSIQUE,

Le mardi 20 août 1743.

DE L'IMPRIMERIE

De JEAN-BAPTISTE-CHRISTOPHE BALLARD, doyen des imprimeurs du roi, seul pour la musique, et pour l'académie royale de M.

A PARIS, au Mont-Parnasse, rue S. Jean-de-Beauvais.

M. DCC XLIII.

AVEC PRIVILEGE DU ROI.

LE PRIX EST DE XXX SOLS.

SUJET DU BALLET.

ON a cru pouvoir raporter les caracteres de LA FOLIE, à trois especes principales, les Manies, les Passions & les Caprices. Parmi les Manies, on a choisi l'ASTROLOGIE, parce qu'elle se lie plus facilement à une action bornée à une Acte.

On suppose qu'une jeune bergere superstitieuse, combat le penchant de son cœur. C'est en profitant de son erreur qu'on parvient à l'en détromper.

On a choisi l'AMBITION, parmi les Passions, pour le sujet du second Acte.

LES CAPRICES DE L'AMOUR, font le sujet du troisiéme. Après en avoir exposé les bizareries, on s'est permis par une licence, de faire triompher la raison.

Acteurs chantans dans tous les chœurs.

CÔTE' DU ROI.		CÔTE' DE LA REINE.	
Mesdemoiselles	*Messieurs*	*Mesdemoiselles*	*Messieurs*
Dun,	St. Martin,	Cartou,	Deserre,
	Marcelet,		Gratin,
Delorge,	Le Page,	Deshaigles,	Le Mesle,
	Fel,		Deshais,
Varquin,	Houbault,		Levasseur,
Dalmand-C.,	Bourque,	Coupée,	Forestier,
	Bornet,		Buzeau,
	Gallard,	Desgranges,	Duplessis,
Larcher,	Duchênet,		Belot,
	Chabourd,		
Delastre.	Rochette.	Gondré.	Rhone.

PROLOGUE.

ACTEURS CHANTANS.

L'AMOUR,	Mlle Coupée.
LA FOLIE,	Mlle Bourbonnois.
VENUS,	Mlle Chevalier.
JUPITER,	Mr Chassé.

Suivans de L'AMOUR.

Suivans de LA FOLIE.

ACTEURS DANSANS.

SUITE DE L'AMOUR.	*SUITE DE LA FOLIE.*
	Mademoiselle Le Breton;
Monsieur D-Dumoulin.	Mademoiselle Camargo;
Messieurs Dangeville,	Mesdemoiselles Courcelle,
Malter-L., Hamoche.	Fremicourt, St Germain.

PROLOGUE.

Le théâtre repréſente les jardins de CYTHERE.

SCENE PREMIERE.

L'AMOUR, VENUS, LA FOLIE;
Suite de L'AMOUR, ET DE LA FOLIE.

VENUS.

O Crime affreux ! O malheureuſe mere !
Mon fils a perdu la lumiere,
La folie a commis ce forfait odieux,
Et l'Amour eſt privé de la clarté des cieux.
Venez ſignaler ſa puiſſance,
Vous qu'il combla de ſes biens les plus chers,
Vengez le dieu de l'univers.
Armez-vous, accourez, volez à la vengeance.

CHOEUR des ſuivans DE L'AMOUR.

Armons-nous pour l'Amour, courons à la vengeance.
C'eſt le maître de l'univers.

LA FOLIE.

Vous à qui j'ai fait part de mes biens les plus chers,
Heureux ſujets, ſignalez ma puiſſance,
Venez de la Folie embraſſer la défenſe,
C'eſt la reine de l'univers.

CHOEUR des ſuivans de LA FOLIE.

Allons de la Folie embraſſer la défenſe,
C'eſt la reine de l'univers.

L'AMOUR.

O ciel, ma vengeance eſt trahie!

LA FOLIE.

Tout doit céder à la Folie.

L'AMOUR.

Moi qui reçois tous les vœux?

LA FOLIE.

Moi qui fais tous les heureux?

L'AMOUR.

Ma vengeance eſt trahie!

LA FOLIE.

Tout doit céder à la Folie.

VENUS, ET L'AMOUR.

Souverain maître des dieux,
C'eſt à toi de venger Cithere,
Arme ton bras du tonnerre :
Viens immoler la Folie en ces lieux ;
Lance tes feux, punis la terre.

VENUS.

Nos cris ont pénétré les cieux,
C'eſt Jupiter qui paroît à mes yeux.

SCENE II.

JUPITER,

et les acteurs de la ſcene précédente.

JUPITER.

SUr l'Amour & ſur la Folie ;
Les dieux ſont partagés ainſi que les mortels ;
Mais par des decrets éternels,
Le deſtin les reconcilie.
Entr'eux il rétablit la paix :
Par un arrêt irrévocable,
La Folie à jamais
Doit être de l'Amour le guide inſéparable.

Allez, volez, régnez sur tout ce qui respire,
Rien ne peut résister à vos charmes divers,
Soumettez tout à votre empire,
Rendez le monde heureux, régnez sur l'univers.

LE CHOEUR répete ces quatre vers.

On danse.

L'AMOUR.

SAns mes ardeurs
Point de plaisirs flateurs,
Mes traits vainqueurs
Des cœurs
Font le bien suprême.
Tous les mortels
Encensent mes autels,
Et dans les cieux
Les dieux
Brûlent des mêmes feux.

⁂

Le plaisir d'une tendresse extrême
Est le bien le plus charmant:
Pour un Amant
Délicat & constant,
Les peines, les soupirs
Ont des plaisirs.

LA FOLIE.

PLus léger qu'Eole,
De ta triste école
Le plaisir s'envole:
Sans moi dans tes chaînes,
Il n'est que des peines,
Mes aimables jeux
Peuvent seuls rendre heureux.

⁂

Chantez ma victoire,
Célébrez ma gloire,
C'est dans le bel âge
Qu'on me rend hommage:
Aimable jeunesse,
A mes loix sans cesse,
Aux tendres amours
Consacrez vos beaux jours:
Les biens les plus doux
Sont pour les plus fous;
Si l'on rit de vous,
Ce plaisir nous console.

On danse.

CANTATILLE.

VENUS.

L'Amour & la Folie unissent leurs autels,
Venez leur rendre vos hommages:
Ils régnent sur tous les mortels,
Leurs plaisirs sont de tous les âges.

Venez jouir dans ce séjour
Des biens les plus doux de la vie:
On les demande à l'Amour,
On les obtient de la Folie.

L'Amour & la Folie unissent leurs autels,
Venez leur rendre vos hommages:
Ils régnent sur tous les mortels,
Leurs plaisirs sont de tous les âges.

FIN DU PROLOGUE.

PREMIERE ENTRÉE.

L'ASTROLOGIE.

ACTEURS CHANTANS.

FLORISE, *Bergere*, Mlle Fel.

ELICAS, *Berger*, Mr Jelyotte.

HERMÉ'S, *Mage*, Mr Chassé.

Troupe de Mages, de Bergers, et de Bergeres.

ACTEURS DANSANS.

MAGES.

Messieurs Monservin, Gherardy;

Messieurs Dumay, Dupré, Malter-C.,
Matignon, Mercier, Lafeuillade.

BERGERS, ET BERGERES.

Mademoiselle Dallemand-L;
Messieurs F-Dumoulin, P-Dumoulin;
Dangeville, Malter-L.,
Mesdemoiselles Courcelle, S[t]. Germain,
Minot, Beaufort.

SECONDE ENTRÉE.

L'AMBITION.

ACTEURS CHANTANS.

PALMIRE, *Reine de Lesbos*, Mlle Chevalier.

ARSAME, } *Princes Lesbiens*, Mr. Albert.
IPHIS, } Mr Jelyotte.

CLEONE, *confidente de* PALMIRE, Mlle Bourbonnois.

Troupe de Lesbiens & de Lesbiennes.

ACTEURS DANSANS.

LESBIENS.

Mademoiselle Carville;

Monsieur Matignon, Mademoiselle Le Breton.

Messieurs Monservin, Dumay, Dupré, Gherardy.

Mesdemoiselles Rabon, Erny, Fremicourt, Thiery.

TROISIÉME ENTRÉE.

LES CAPRICES DE L'AMOUR.

ACTEURS CHANTANS.

AGENOR,	Mr Jelyotte.
EUCHARIS,	Mlle Le Maure.
CEPHISE,	Mlle Jullye.
UNE GRECQUE,	Mlle Bourbonnois.

Troupe de jeunes gens qui célébrent la fête de VENUS.

ACTEURS DANSANS.

HABITANS DE CYTHERE.

Mademoiſelle Camargo ;

Meſſieurs P-Dumoulin, Malter-C., Matignon, Levoir, Lafeuillade, Mercier.

Meſdemoiſelles St. Huray, Minot, Thierry, Erny, Courcelle, Baufort.

Pre ENTRE'E.

LES CARACTERES DE LA FOLIE.

PREMIERE ENTRÉE.

L'ASTROLOGIE.

Le théâtre représente une forêt ; on voit d'un côté la retraite d'un Mage, et de l'autre un hameau.

SCENE PREMIERE.

FLORISE.

AMour, cruel Amour, je languis dans tes chaînes.
Mon cœur forme de vains soupirs,
Helas! Faut-il que j'éprouve tes peines,
Quand je renonce à tes plaisirs.

Licas a triomphé de mon indifférence.
Je voudrois lui cacher le trouble de mon cœur;
Contre un charme fatal ce cœur est sans défense;
Mes yeux trahissent mon silence,
Et je vois que le ciel condamne mon ardeur.

Amour, cruel amour, je languis dans tes chaînes,
Mon cœur forme de vains soupirs,
Helas! Faut-il que j'éprouve tes peines,
Quand je renonce à tes plaisirs.

Ah! Fuyons. C'est lui qui s'avance.

SCENE II.

FLORISE, LICAS.

LICAS.

FVirez-vous toujours ma présence?
Des soupirs méprisés ne sont pas dangereux,
Mes plaintes ne sont point terribles,
La pitié ne fléchit que les ames sensibles,
La votre ne l'est pas aux pleurs d'un malheureux.

FLORISE.

L'Amant dont l'orgueil nous brave,
Allarme peu notre cœur;
Celui qui paroît esclave
Est souvent notre vainqueur.

Je ſens trop que pour vous l'eſtime s'intereſſe,
Un injuſte ſoupçon cherche à vous allarmer;
Et, s'il m'étoit permis d'aimer...

LICAS.

Achevez, diſſipez le trouble qui me preſſe.

FLORISE.

Et, s'il m'étoit permis d'aimer,
Vous auriez toute ma tendreſſe.

LICAS.

Ah! Si de mes ſoupirs votre cœur eſt flatté...

FLORISE.

Les aſtres nous ſont trop contraires.

LICAS.

Eh quoi! Votre crédulité...

FLORISE.

Ah! N'allez pas par une impieté,
Profaner ces myſteres.

Par des préſages trop affreux
Le ciel a condamné nos vœux.

J'ai vû de nos ruiſſeaux tarir la ſource pure,
Nos prés ont perdu leur verdure,
Mon troupeau languiſſant diſperſé dans les bois,
Ne connoît plus ma voix,
Tout eſt changé pour moi dans la nature.

LICAS.

Pourquoi le ciel ſeroit-il en courroux?
Les dieux n'oſeroient pas déſaprouver ma flamme;
Mais ſi j'avois touché votre ame,
Les dieux d'un ſi beau ſort pourroient être jaloux.

FLORISE.

Ce n'eſt pas pour vous ſeul que le ciel eſt ſévere.

LICAS.

Ah! Si j'ai ſû vous plaire,
Livrons-nous aux tranſports d'une innocente ardeur;
Et pour aimer, jeune bergere,
Ne conſultons que notre cœur.

FLORISE.

Hé bien, ſur notre ſort, je veux qu'Hermés prononce;
C'eſt lui qui du Deſtin interpréte les loix,
Le ciel daigne emprunter ſa voix;
J'en croirai ſa réponſe.

Elle ſort.

LICAS.

Pour aſſurer le bonheur de mes jours,
Allons d'Hermés implorer le ſecours.

SCENE III.

HERMÉS, MAGES, BERGERS ET BERGERES.

MARCHE.

HERMÉS.

O Vous pour qui le ciel est toujours sans nuage,
Unissez vos accens à nos transports sacrés ;
Bergers, venez lui rendre hommage,
Apprenez les destins qui vous sont préparés.

CHOEUR.

Chantons, offrons au ciel nos vœux & notre hommage,
Apprenons les destins qui nous sont préparés.

HERMÉS.

Flambeaux sacrés, astres divins,
Dans votre brillante carriere
Vous répandez sur les humains
Et vos faveurs & la lumiere ;
C'est vous qui faites les destins.

CHOEUR.

Flambeaux sacrés, &c.

On danse.

HERME'S.

Au sein des biens purs & tranquilles,
Vous ignorez dans vos aziles
La source des malheurs, le crime & les trésors
Le ciel verse sur vous son heureuse influence,
Vous méprisez les biens que suivent les remords;
Et jouissez de ceux que donne l'innocence.

On danse.

SCENE IV.

HERME'S, LICAS.

LICAS.

AUguste interpréte des dieux,
C'est de vous aujourd'hui que mon sort doit dépendre.

HERME'S.

Berger, faut-il pour vous interroger les cieux?
Parlez, que voulez-vous aprendre?

LICAS.

Adorateur des decrets souverains
Je ne viens point en percer le mystere;
Mon sort dépend d'une bergere.

HERME'S.

Qui peut troubler vos jours sereins?

LICAS.

Quelquefois à mes maux sa pitié s'intéresse,
Elle plaint mon amour, elle estime mon cœur,
Mais l'estime n'est pas le prix de la tendresse.

HERMES.

Amans, pour prix de votre ardeur,
Si l'on vous offre de l'estime,
Que votre constance s'anime,
Vous touchez à votre bonheur.

La beauté qui vous plaint n'est pas loin de se rendre,
Et d'aimer à son tour;
La pudeur inventa l'estime la plus tendre,
Pour servir de voile à l'amour.

LICAS.

Florise croit qu'un noir présage
S'oppose à mes tendres desirs,
Vous pouvez seul terminer mes soupirs:
Prononcez que le ciel aprouve mon hommage.

HERMES.

Le Destin a tracé ses arrêts dans les cieux,
Je les lis, ma voix les annonce.

LICAS.

Vous qui savez interroger les Dieux,
Ne pouvez-vous leur dicter leur réponse?
Je consens que votre art divin ou séducteur
Aveugle mon esprit, pour faire mon bonheur.

HERMÉS.

Les yeux trop pénétrans profanent nos mysteres,
Le ciel leur cache ses decrets;
Nous ne voulons pour nos secrets
Que d'innocentes bergeres,
Et des amans discrets.

LICAS.

Fléchissez pour l'amour les astres trop severes,
Daignez combler mes vœux,
Je croirai tout pour être heureux.
Florise vient.

HERMÉS.

Je vais, sans tarder davantage,
Employer pour vous tous mes soins;
Retirez-vous sous ce feuillage,
Et que vos yeux en soient témoins.

SCENE V.

FLORISE, HERME'S.

FLORISE.

à part.

PRens pitié d'une infortunée,
O ciel, termine mes soupirs,
Ou regle nos desirs sur notre destinée,
Ou notre sort sur nos desirs.

HERME'S.

Devez-vous craindre ma présence?
Je lis dans votre cœur, dissipez votre effroi.

FLORISE.

Quoi, vous sauriez déja?

HERME'S.

Rien n'est caché pour moi,
Vous aimez, on vous aime.

FLORISE.

O divine science!

HERME'S.

Méritez mon secours par votre confiance,

Les soins d'un tendre amant ont-ils sû vous toucher?
Licas... Mais, à ce nom, votre trouble est extrême!

FLORISE.

Ah! Puisque vous savez que j'aime,
Je n'ai plus rien à vous cacher.

HERMÉS.

Cédez, cédez au penchant qui vous presse,
Tous les cieux sont soumis au dieu de la tendresse;
C'est l'Amour qui dicte au Destin
Les jours heureux qu'il doit écrire;
Lorsque ce dieu conduit sa main,
De son bonheur un amant est certain,
Dans les decrets du sort il lit ce qu'il desire.

FLORISE.

D'un feu nouveau mon esprit anime...

HERMÉS.

Je vois que le ciel vous éclaire,
L'amour dans un cœur enflammé
Est un rayon de sa lumiere.

FLORISE.

Sage Hermés, que ne dois-je pas
A votre ſuprême ſcience ?

HERME'S.

Faites le bonheur de Licas,
Que ce ſoit là ma récompenſe.

FLORISE.

Les dieux qui calment nos ſoupirs
Douteroient-ils de notre obéiſſance ?

SCENE VI.

HERME'S, FLORISE, LICAS.

LICAS.

Belle Florise, enfin, comblez-vous mes desirs?

FLORISE.

Que vois-je? .. Quel soupçon! .. Les dieux ou leurs ministres...

LICAS.

N'allez pas attirer des présages sinistres.

FLORISE.

Non, non, je ne crains plus les signes menaçans;
Berger, je consens à me rendre;
L'Amour m'affranchit des tourmens
Que j'éprouvois à me défendre.

ENSEMBLE.

Que les plaisirs augmentent nos ardeurs,
Régne, Amour, régne dans notre ame,
Qu'à jamais ton feu nous enflamme,
Epuise tes traits sur nos cœurs.

HERMÉS.

Venez, Bergers, que tout s'empresse,
Que tout aplaudisse à l'Amour;
Ce n'est qu'au dieu de la tendresse
Que vous devez les biens de cet heureux séjour.

CHOEUR.

Allons, allons, que tout s'empresse,
Que tout applaudisse à l'Amour;
Ce n'est qu'au dieu de la tendresse
Que nous devons les biens de cet heureux séjour.

On danse.

LICAS.

C'est l'amour qui dans ces retraites
Satisfait nos desirs,
Nos hautbois, nos tendres musettes
Ne chantent que nos plaisirs.
Loin de nous la vaine puissance
Et l'éclat de la grandeur,
Ils séduisent notre innocence,
Sans augmenter notre bonheur.

On danse.

FLORISE.

Amour, resister à tes charmes
C'est refuser d'être heureux ;
Qui peut échaper à tes armes ?
Nous aimons quand tu le veux.
Aimable dieu, ta victoire
Peut-elle allarmer un cœur ?
Non, non, de ta gloire
Nous goutons tout le bonheur.

FIN DE LA PREMIER ENTRE'E.

SECONDE ENTRÉE.

L'AMBITION.

Le théatre représente un palais.

SCENE PREMIERE.

PALMIRE, CLEONE.

CLEONE.

Reine, vous voyez vos sujets
De ce grand jour consacrer la mémoire,
Vous allez assurer, en comblant leurs souhaits,
Et leur bonheur & votre gloire;
Remplissez leurs vœux les plus doux.

PALMIRE.

Je céde à leur impatience,
Je vais nommer un roi, je choisis un époux.

CLEONE.

Pour obtenir la préférence,

Deux illustres rivaux, nés du sang de nos rois;
De l'Amour près de vous font entendre la voix.

PALMIRE.

Ma gloire aprouve leur hommage,
Tous deux, par leurs vertus, sont dignes de mon choix.

CLEONE.

Arsame, fier de ses exploits,
Prétend obtenir l'avantage.

PALMIRE.

Iphis, avec les mêmes droits,
N'a-t'il pas pour l'état, signalé son courage?

CLEONE.

C'est à vous de nommer le plus digne des deux.

PALMIRE.

Chaque amant à mes yeux montre le même zele,
Le succès dévoile ses vœux,
Le moment qui fait un heureux,
Ne fait souvent qu'un infidéle.

CLEONE.

Ces Princes brulent donc d'une inutile ardeur?

PALMIRE.

Je n'ose encore interroger mon cœur.

CLEONE.

Souvent plutôt qu'on ne pense,
Un sécret est révelé:
On croit garder le silence,
Le cœur a déja parlé,

PALMIRE.

PALMIRE.

Mon cœur ne doit-il donc écouter que la gloire?
Il est tems que l'Amour partage la victoire:
Dieu puissant, exauce les vœux
Que ta flamme m'inspire,
Regle le sort de cet empire,
C'est toi seul qui fais les heureux.

CLEONE.

Mais, déja les Princes paroissent.

SCENE II.

PALMIRE, CLEONE, ARSAME, IPHIS.

ARSAME.

REine, fixez notre destin.

IPHIS.

L'Empire attend un roi de votre main;
Vos sujets vous en pressent.

ARSAME.

Tout parle en ma faveur; et si pour vos appas
Je céde à l'ardeur qui m'anime,
Ce trône affermi par mon bras
Semble justifier un espoir légitime.

IPHIS.

Peut-être mes succès flatteroient mon espoir,
Si j'eusse osé prétendre un prix pour mon devoir.

PALMIRE.

Le sceptre que les rois tiennent de la naissance,
Ne semble dû qu'à vos travaux,
C'est à votre valeur qu'ils doivent leur puissance,
Le sang forme les rois, la vertu les héros.

IPHIS.

Le trône est embelli par l'espoir de vous plaire.

ARSAME.

Les Rois sont des dieux qu'on révere.

IPHIS.

Ce n'est ni la pompe des cieux,
Ni le droit d'effrayer la terre,
C'est le bonheur qui fait les dieux.
L'unique objet de ma flamme
Est de porter vos fers,
Le don de votre cœur charmeroit plus mon ame
Que l'empire de l'univers.

PALMIRE.

Je vois le peuple qui s'avance,
Vous apprendrez mon choix en sa présence.

SCENE III.

LES MÊMES ACTEURS, PEUPLES.

MARCHE.

CHOEUR.

Triomphez auguste Palmire,
Nous goutons les douceurs de votre aimable empire,
Le ciel verse ses dons sur vos heureux sujets.
Que tous les cœurs vous cédent la victoire,
Publions à jamais
Notre bonheur & votre gloire.

PALMIRE.

Princes, je vais faire connoître
Que votre espoir doit être égal ;
Mais que chacun de vous respecte en son rival,
Celui qui dans ce jour peut devenir son maître.
Assis auprès du trône & mes premiers sujets,
C'est vous que le peuple contemple,
Il doit sa gloire à vos succès,
De la fidélité vous lui devez l'exemple.

ARSAME, ET IPHIS.

Que les dieux immortels
Protecteurs de votre puissance
Reçoivent nos vœux solemnels,
Qu'ils soient garans de notre obéissance.

Entendez-nous, dieux tout-puissans;
Si quelque téméraire
Ose violer ses sermens,
Qu'il soit étranger sur la terre;
En proye aux remords dévorans,
Qu'il tombe frappé du tonnerre.

CHOEUR. *Entendez-nous*, &c.

PALMIRE.

Vous qui reconnoissez mes loix,
Soyez attentifs à ma voix.
Malgré l'éclat du diadême
Mon ame a plus senti le poids
Que les douceurs du rang suprême.
Princes, si l'un de vous satisfait de ma main
Consent à partager un tranquille destin,
Jouissant avec lui du repos où j'aspire,
J'éleve au même instant son rival à l'empire.

ARSAME.

Ah! Pourquoi séparer deux biens si précieux,
Un empire jamais peut-il cesser de plaire?
Mais, s'il n'a plus de charmes à vos yeux,
Que votre choix préfere
Le soutien de l'état & l'appui de ces lieux.

IPHIS.

Reine, si votre cœur est mon heureux partage,

Puis-je former d'autres souhaits?
Qu'Arsame régne en paix,
Qu'il recoive à l'instant l'hommage
Du plus heureux de ses sujets.

PALMIRE.

Méprisez-vous la grandeur souveraine?

IPHIS.

Sans vous, elle n'est rien; j'y renonce sans peine.

PALMIRE, montrant IPHIS.

Peuples, vous voyés votre roi.
Iphis, avec ma main, recevez la couronne,
Votre vertu m'en fait la loi,
Et c'est l'Amour qui vous la donne.

ARSAME.

Sortons de cette ingrate cour,
Cherchons ailleurs la gloire, et méprisons l'amour.

PALMIRE, ET IPHIS.

C'est à l'Amour que je dois mon bonheur.

Votre cœur fait mon bien suprême.
Je ne connois le prix de la grandeur.
PALMIRE. { *Qu'en la cédant à* } *ce que j'aime.*
IPHIS. { *Qu'en l'obtenant de* }

PALMIRE.

Que tout retentisse en ce jour
De concerts amoureux & de chants de victoire:
Celébrez un héros couronné par la gloire,
Et choisi par l'Amour.

CHOEUR.

Que tout retentisse en ce jour
De concerts amoureux & de chants de victoire:
Célébrez un heros couronné par la gloire,
Et choisi par l'Amour.

PALMIRE,
alternativement avec le Chœur.

Ce n'est point un empire
Qui flate nos vœux,
Son éclat dangereux
Coute des soins fâcheux,
La grandeur peut séduire,
Mais, l'Amour rend heureux.

Vole, descend des cieux
Fais briller tous tes feux,
Dieu qui fais les plaisirs;
Pour prix de nos soupirs,
Viens combler nos desirs.

FIN DE LA SECONDE ENTRE'E.

TROISIÈME ENTRÉE.

LES CAPRICES DE L'AMOUR.

Le théâtre représente un lieu préparé pour la fête de Venus dans l'isle de Chypre; on voit d'un côté le peristile d'un temple.

SCENE PREMIERE.

AGENOR.

Aveugle dieu tiran des ames,
Cesse de déchirer mon cœur,
Amour, tu ne répans tes flammes
Que pour signaler ta fureur.
Le crime & le délire
Brulent l'encens sur ton autel,
N'est-on jamais sous ton empire
Que malheureux ou criminel?

Aveugle dieu, &c.

Aux charmes d'Eucharis mon cœur est insensible,
Et Cephise à mes vœux est toujours inflexible;
Ah! Cherchons à finir un si cruel tourment.

SCENE II.

AGENOR, CEPHISE.

AGENOR.

Belle Cephise, arrêtez un moment.

CEPHISE.

Dans ce temple odieux tout m'outrage & m'irrite.

AGENOR.

Ou plutôt vous fuyez un malheureux amant.

CEPHISE.

Rien ne sauroit calmer le trouble qui m'agite.
C'est ici de Venus le séjour respecté,
On doit par un antique usage
Couronner la beauté
Qui peut en retracer l'image;
Je pouvois me flatter d'en obtenir le prix,
Et je vois qu'à mes yeux on couronne Eucharis.

AGENOR.

Les vrais amans font de leur flamme
Leur suprême félicité.
Mon cœur seroit pour vous le prix de la beauté,
Si l'amour eut touché votre ame.

CEPHISE.

CEPHISE.

A l'heureuse Eucharis offrez ces soins flateurs,
Ils ne sont dûs qu'à la plus belle,
Allez partager avec elle
Et sa tendresse & ses nouveaux honneurs.

AGENOR.

Ah! Vous savez trop bien, cruelle,
Qu'à votre sort le mien est attaché.

CEPHISE.

Si de mon sort votre cœur est touché,
Prouvez-moi votre amour en servant ma colere;
Que des mains d'Eucharis le prix soit arraché,
Alors soyez sûr de me plaire.

AGENOR.

Vous ne voulez que m'outrager...
Mais si jamais je puis me dégager...
Il est un terme à la constance.

CEPHISE.

Ou servez ma fureur, ou fuyez ma présence.
J'apperçois d'Eucharis le triomphe odieux,
Sortons. [AGENOR, en suivant CEPHISE.
Il faut calmer ses transports furieux.

SCENE III.

EUCHARIS, tenant une couronne de fleurs, et ſuivie de la jeuneſſe de l'Iſle de Chypre, qui célébre le triomphe de la beauté.

UNE GRECQUE.

Raſſemblons-nous dans cette fête,
Sous les loix de la volupté,
Rendons hommage à la beauté.
Que tous les cœurs ſoient ſa conquête.

On danſe.

CHOEUR.

Raſſemblons-nous, &c.

UNE GRECQUE.

Amans, redoublez vos ardeurs,
Méritez les faveurs
Dont l'amour vous comble ſans ceſſe.
Charmans objets de ce ſéjour
Aimez à votre tour,
Profitez de votre jeuneſſe,
La beauté n'eſt ſans la tendreſſe,
Qu'un outrage à l'amour.

On danſe.

EUCHARIS.

C'eſt aſſés célébrer de trop foibles attraits,
Laiſſez-moi reſpirer en paix.

SCENE IV.

EUCHARIS.

Déesse des amours, Venus, daigne m'entendre;
Sois sensible aux soupirs de mon cœur amoureux;
Sous ton empire en est-il un plus tendre,
En est-il un plus malheureux?

L'objet qui remplit seul mon ame
Méprise mes douleurs,
Agenor est toujours insensible à ma flamme
Et tous ces vains honneurs
Me font mieux sentir mes malheurs.

Déesse des amours, &c.
Je le vois, sa présence augmente ma foiblesse.

SCENE V.

AGENOR, EUCHARIS.

EUCHARIS.

Tandis que sur mes pas tout un peuple s'empresse,
Lorsque j'entens de toutes parts
Retentir des chants d'allegresse,
Agenor est le seul que cherchent mes regards;
Agenor est le seul qui m'évite sans cesse.

AGENOR.

Parmi les concerts éclatans
Qui célebrent votre victoire,
Aurois-je osé penser que mes foibles accens
Pussent manquer à votre gloire?

EUCHARIS.

Connoissez mieux mes sentimens,
De ces honneurs je ne sens point l'yvresse.
Les éloges de la beauté
Ne charment que la vanité,
Et ne flatent point la tendresse.

Que le triomphe est charmant
Quand un cœur nous rend les armes,
Ce sont les transports d'un amant
Qui font l'éloge de nos charmes.

AGENOR.

Je ne mérite pas un si tendre retour.

EUCHARIS.

Quel est le prix de ma constance!
Vous ne doutez de mon amour,
Que pour ne pas rougir de votre indifférence.

AGENOR.

Aprenez donc tout mon malheur,
Mon cœur vous étoit dû, mais l'injuste Céphise
M'arrache malgré moi ce cœur, & le méprise.

EUCHARIS.

Helas ! Je vois avec douleur
Qu'à mes ſoupirs votre ame eſt infléxible ;
Mais ſi j'en jugeois par mon cœur
Vous n'auriés jamais dû trouver une inſenſible.

AGENOR.

L'Amour pour vous venger me fait ſubir la loi
D'une rivale impérieuſe.

EUCHARIS.

Votre malheur peut-il me rendre plus heureuſe ?
Il en eſt un nouveau pour moi.

AGENOR.

Vous ne connoiſſez pas encor cette inhumaine ,
Et juſqu'où ſon orgueil inſulte à mon malheur.

EUCHARIS.

Après m'avoir enlevé votre cœur ,
Que pourroit-elle ajouter à ma peine ?

AGENOR.

Son cœur ne connoît que la haine ,
On ne pourroit adoucir ſa fierté ,
Qu'en portant à ſes pieds le prix de la beauté
Que vos charmes ont mérité.

EUCHARIS.

Si le bonheur dépend d'obtenir ce qu'on aime,
Si je ne puis partager en ce jour
Cette félicité suprême,
Vous la devrez dumoins à mon amour.

En lui offrant la couronne de fleurs.

Allez, présentez-lui ce gage,
Qu'elle en jouisse désormais.
Puisque de votre cœur elle reçoit l'hommage;
Ce prix n'est dû qu'à ses attraits.

AGENOR.

Dieux! Est-ce donc de la main qu'on outrage
Qu'on doit recevoir les bienfaits?

EUCHARIS.

Puisque de votre cœur elle reçoit l'hommage
Ce prix n'est dû qu'à ses attraits.

AGENOR, se jettant aux pieds d'EUCHARIS.

Genereuse Eucharis, votre vertu sublime
Dissipe mon aveuglement,
Et mes remords en ce moment
Me font voir vos attraits, vos vertus, et mon crime;
Je rougis à vos pieds de mon égarement.

De vos bontés puis-je être digne encore?
L'amour brûle mon cœur, le remords le dévore.

EUCHARIS.

Ah! Cessez de vous condamner,
C'est de votre bonheur que le mien peut dépendre,
Partagez avec moi le plaisir vif & tendre
Que je sens à vous pardonner.

AGENOR.

De vos vertus mon bonheur est l'ouvrage;
En admirant votre beauté,
On croit voir la divinité.
Votre ame en offre encore une plus belle image.

ENSEMBLE.

Soupirons à jamais,
Brûlons d'une éternelle flamme:
Que l'amour qui régne en notre ame;
Soit jaloux de ses bienfaits.

EUCHARIS.

Vous qui de la beauté célébrés la victoire,
Venez chanter l'Amour, mon amant, et ma gloire.

CHOEUR.

Reine de la beauté, Déesse des amans
Nous adorons votre puissance:
Triomphez de nos cœurs, } recevez notre encens;
Descendez parmi-nous, }
Le feu de nos desirs sans cesse renaissans
Annonce votre presence.

On danse.

EUCHARIS,

alternativement avec le Chœur.

Charmant Amour, ame du monde,
Nous ſuivons tes aimables loix ;
Tu régnes dans les cieux, ſur la terre & ſur l'onde,
Tout s'anime, reſpire & s'enflamme à ta voix.

Que d'autres dieux effrayent l'univers,
Que la crainte leur rende hommage,
Leur culte n'eſt qu'un eſclavage,
Tu triomphes des cœurs, nous adorons tes fers.

Charmant Amour, &c. On danſe.

CANTATILLE.

DAns ces beaux lieux tout nous engage ;
Le murmure des eaux, le ſouffle des zéphirs,
Les roſſignols par leur ramage,
Tout inſpire l'amour & forme des deſirs.

L'amant fidéle ou volage,
Y brûlent des mêmes feux,
Le plaiſir eſt notre hommage.
Et tous les cœurs ſont heureux.

Dans ces beaux lieux, &c.

FIN.

APROBATION.

J'Ai lû par ordre de monſeigneur le Chancelier, un ballet, intitulé, *Les Caracteres de la Folie*, et je n'y ai rien trouvé qui ne doive en favoriſer l'impreſſion, A Paris, ce 21 juillet 1743. DE MONCRIF.

Le Privilege du Roy, eſt imprimé aux précédens Opera.

www.ingramcontent.com/pod-product-compliance
Lightning Source LLC
LaVergne TN
LVHW020245230826
846091LV00006B/2249

* 9 7 8 2 3 2 9 4 5 3 1 1 8 *